6歳までにしておきたい

すこやか こころ育て

扇こころ保育園園長
菊地政隆

子どもの笑顔、心を育てて守りたい

僕は保育園の保育士として8年過ごした後、現在は扇こころ保育園の園長をしています。その傍ら、保育士を目指す学生たちに講義をしたり、歌のお兄さんとして子どもたちに歌を届けたり、保育や子育ての分野で本を出版したり、全国で講演をしたり…、子どもに関わる様々な活動をしてきました。

どの仕事をしていても共通して言えることがあります。それは、「子どもの笑顔はかわいい！」ということです。

しかし一方で、子どもたちの笑顔に危機が迫っているという不安も感じています。私たち大人が気づかない危機。それは、これまで当たり前に育っていた、子どもの「心の中」が

PROLOGUE

育ちにくい社会になってきているということです。

ここ数年、ニュースで流れる傷害事件やいじめ、様々な社会問題を見ていると、何が人にとって迷惑なのかという基準がわからないまま大人になってしまった人が多いように感じてなりません。僕が保育園を開園したのも、「子どもたちが集団生活を学び合う保育現場の中から少しでも社会を変えていきたい、これまでの保育経験を生かして、子どもの心を育てる関わり方を実践していきたい」、そうした一心からです。そして、「心育《しんいく》」という言葉を作り、理念に掲げて、日々スタッフと共に子どもたちと関わっています。

心の成長の基盤は、ほぼ6歳までに作られます。この6歳までの関わりを少し意識することで、子どもの心は大きく開花します。ここでは、その「心育」のポイントについてわかりやすくまとめました。

本書が子どもたちの笑顔を守る一助となれば幸いです。

6歳までにしておきたい すこやかこころ育て

CONTENTS

第3章 まあせんせいの心育のい・ろ・は

第4章 さあ！心育のタネをまいてみよう

第5章 小さなタネはやがて大きな花になる！

第1章 発見！心育のタネ

僕が保育士になろうと思ったきっかけと
保育の仕事の魅力、
そして、「心育《しんいく》」にたどりつくまでを
ご紹介します！

おどろき！遊びに隠された目的

僕は保育園で生まれ育ちました。そう、実家が保育園なのです。父は園長、母は主任保育士。自宅も保育園と同じ建物の中にあるので、小学校高学年くらいまでは、帰宅してからも保育園で過ごしていました。

大学生になると、母に誘われて保育園の仕事を手伝うようになりました。その頃の僕は、保育の仕事はな〜んにも知らなかったし、まったく興味もありませんでした。子どもの頃の記憶から、保育園は、ただ保育士と子どもが遊ぶところだと思っていたのです。でも、そんな慣れ親しんだ場所で、僕の運命を決定づける出来事がありました。

ある日、2歳児クラスの子どもがピンセットで遊んでいました。皿から皿へ、小さなスポンジを移しています。上手にできると保育士がしきりにほめるので、子どもは嬉しくてどんどんスポンジを運びます。

実は、この遊びにはいくつかの「しかけ」が隠されていたのです。それは、ピンセットを使うことで、手指の細かい動作の発達を促すこと。やがて、つまめるものがスポンジから大豆へと変わっていき、道具はピンセットから箸へとステップアップ。そう、これは箸が使えるようになるためのプログラムだったのです。

遊んだ後は、使った皿や道具のお片付け。ね、おもしろいでしょう？ 発達段階に合わせた動作の習得としつけの要素が組み込まれている遊び。保育園は子どもをただ預かっているだけじゃないんだと知りました。

保育園での遊びには、このように子どもたち一人ひとりの発育を促す内容がふんだんに盛り込まれています。この経験により、保育の奥深さにおどろくと共に、保育の仕事への興味がふつふつと湧いてきたのです。

保育は無限！

僕は保育の仕事に関心をもち、その後も実家の仕事を手伝い続けました。なぜなら、「どうしたら子どもが興味をもってくれるか、楽しく学ばせるにはどんなことをしたら効果的か」、保育士が想像力をフルに使って、子どもたち一人ひとりの発達に合わせたプログラムを創造していく姿を目の当たりにし、そのプロフェッショナルな仕事ぶりに感動したからです。その後、大学2年から進路を保育と決め、本格的に勉強をはじめました。

僕は、子どもが好きか嫌いかと聞かれたら、どちらでもない、と答えます。もちろん、園児たちは大好きですよ。でも、町で見かける子どもたちを常に、「かわいいな〜」と思ったりはしません。むやみに走りよったりした日には、危ない人と思われること間違いないでしょう。僕が保育の世界に入ったのは、保育の仕事に魅了されたからです。

保育園での遊びや生活全般には、いろいろな「しかけ」があり、保育士は成長段階に応じて子どもの日常生活をクリエイトしていきます。保育には、「保育指針」という保育指導のめやすになるものがありますが、あくまでそれはベーシックな部分。多くは、それぞれの保育園の創意工夫でカリキュラムが作られていま

す。保育園が10ヵ所あれば、10通りの保育があるのです。子どもを保育園に預けようと思ったら、お父さんとお母さんはたくさんの保育園を回り、自分の子どもに合った園かどうかも見てください。

全然違う！保育と子育て

僕は、保育のプロであって、子育てのプロではありません。保育士だから子育ても得意だろう、なんて思われることもありますが、実は、これがまったく違うのです。僕は、保育士という国家資格をもった保育の専門家。この資格を取得するには、少なくとも2年は学校に通い、保育のノウハウを学びます。

例えば、子どもを静かにさせたいとき、お母さんなら、「しー、静かにしなさい」と言うかもしれません。ところが、保育士は言葉を使わなくても子どもの興味を自分に引きつけるテクニックをもっているのです。

どうするかって？ 絵本を開きます。とたんに子どもたちは静かになり、読みすすめていくうちにお話の世界に入り込みます。しかも、引きつける本の内容が年齢によって違うので、どんな本を選んだらこっちに興味をもってくれるかがポイント。それを保育士は知っているのです。

また、保育士は経験からその子が将来どんな性格になるのかが少し見えてしまうことがあります。だから、それに対して指導することも。例えば、好奇心旺盛でいろいろなところに行ってしまう子っていますよね。もちろん悪いわけではありません。そのような性格を

ふまえた上で、落ち着いた活動を多めに入れていきます。子どもが楽しいと感じてくれれば、自然と座ることができるようになっていくのです。このようにして、一人ひとりにあったプログラムを組んでいるんですね。だからといって、保育のテクニックが子育てに使えないなんてことはまったくありません。考え方を変えれば、充分に子育てのヒントになりますよ。

育ちきれていない未熟な心

子どもに関わる職業柄、以前から、ニュースを見ていて気になることがあります。それは、大人の起こす事件の理由が幼稚化していること。自分のことを誰も認めてくれないと思い込み、自暴自棄になって無差別に人を殺傷したり、注意を受けたことにカッとなって相手を刺してしまったり。自己中心的で、自分の思い通りにならないから人を攻撃する。それでは、おもちゃを貸してくれないからと相手に噛みついてしまう子どもと同じではないでしょうか。

こういったことから間違いなく言えることは、人の迷惑や痛み、悲しみに気づくことができない、心が育ちきれていない大人が増えているということです。

僕は、未熟な心をもつ大人が急に出現したわけではないと思っています。時間の流れの中で、たくさんの原因が折り重なるようにして今に至っているのではないでしょうか。そして、その原因のひとつに、「子どもの時代の過ごし方」があると考えています。

みなさんはどのように感じられますか。

「心育」にたどりつくまで

ここ15年くらいで保育指針が変わり、保育形態や保育内容が変わってきています。都市部と地方では状況が異なるかもしれませんが、僕がこれまで勤めてきた東京の私立保育園においては、子どもの保育時間が長くなっています。実際、保護者のニーズに行政が応える形で、保育園の開園時間が長くなっていますし、態勢が整ってきたことで長時間働く保護者が増えたともいえるでしょう。

保育時間が長くなったことで、子どもたちはこれまで家庭で過ごしていた時間も保育園で過ごすようになりました。保育園が子どもを預かる場所としてだけではなく、生活する場所の役目も果たすようになったことで、保育の専門性も変わってきました。ピンセット遊びからお箸が使えるようになるプログラムのように、遊びの中で自然と子どもの発達を促したり、しつけができるような細かなプログラムが組まれています。

そういった生活サイクルの変化の中で保育の仕事を続けてきて、僕が感じていることは、子どもの心が育つのは0歳から小学校に入るまでの間だということ。特に、4歳から6歳の間は急速に成長します。だからこの時期、そしてその前段階に、子どもの心を育てることが重要だと考えるようになったのです。

僕はそれを「心育《しんいく》」と名づけました。

心育という言葉を初めて耳にする方もいることでしょう。第2章では、この心育について、みなさんと一緒に考えていきたいと思います。

コラム1

ランチタイムはおなかと相談

　僕が園長をしている扇こころ保育園の3～5歳児クラスの昼食は、決まった時間のなかで好きな友だちと一緒にランチルームへ行きます。以前は教室で揃って食べていましたが、今は家庭によって、一人ひとりの生活時間が違います。それぞれのおなかの減り具合やその日の気分によって、食べられるように対応したのです。その日のメニューが入り口に立てかけてあって、さながらレストランのよう。満席のときは廊下に並んで待ちます。

　このような経験から、病院でも静かに待つことができるようになります。また、自分の意思で行動することで自主性も身につきます。こういった取り組みも、心を育てる「しかけ」のひとつなのです。

第2章
心育の第一歩はお母さんのゆとりから

お母さんの心は元気ですか？

心育にとって

とても大切なこと、

それは、お母さんの「心のゆとり」。

お母さんだから味わえること　特権！

子どもを産むと、これまでの生活とはまったく違う方向で人生観が広がります。今まで気にならなかったことが気になり出してくる。でも、これは一時的なもので、子どもの成長と共に意識する点は変わっていきます。言うならば、毎日が初めての連続！

まずは、お母さんだからこそ体験できる特別な出来事をご紹介しましょう。

「子どもがいるから知ることができて幸せ！」と、感じてもらえたらいいですね。

本屋さんで「簡単！」「すぐできる！」といったキャッチフレーズの育児書をつい手にとってしまう。

子どもが好きなヒーロー・ヒロインのせりふが言える。

子どもがお昼寝をしている横で、アイスを食べるのが至福のとき。

普段は何もしないのに、調子よく子どもにいい顔をしようとする夫にイライラする。

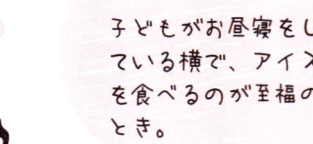

子どもが赤ちゃんの頃、「〜でちゅか？」と、一方的に話しかけている自分に、「私、大丈夫かしら？」とわれに返って案じたことがある。

おむつとミルクの銘柄はだいたい言える。

ドラッグストアに行くと、おむつの値段に自然と目がいく。

娘が夫を遠ざけるような発言をすると、なんだか嬉しい。

日曜日の朝のアニメ番組は見ないと落ち着かない。ときに、ストーリーに感動している自分がいる。

子どものおもちゃを見ていると、自分が子どものときに遊んでいたおもちゃと比べて羨ましくなる。

プリキュアや仮面ライダーといったヒーロー番組の過去のシリーズが気になりだした。

物ごとの初めは融通がきかないもの

僕は保育園の園長のほかにも、講演会や大学の講義など、いろいろな仕事に携わっています。どれも保育の世界に貢献できることだし、やらなければいけないこと。少し前までは無我夢中でやってきました。しかし最近は、無理をしないで一つひとつの仕事を丁寧にやっていこうという姿勢に変わってきています。無我夢中で走り続けてきた中で、心のゆとりを意識しはじめられるようになったからです。

レストランのアルバイトに例えると、働きはじめて1、2カ月くらいは、友だちが来ていたら緊張したりするでしょう。それが、1年、2年と続けた頃に友だちが来ると、内緒でチョコレートパフェを大盛りにしてあげようとか、ドリンクをサービスしてあげようとか、融通がきくようになったりしますよね。

実は子育ても同じ。年を重ねていくうちに、「ここはきちんとするけれど、ここは手を抜いてもOKだな」とさじ加減がわかってきたり、突発的な出来事に落ち着いて対処できるようになったりと、心に余裕が生まれてくるのです。子どもが0歳、1歳だと、新米お母さんはわからないことが多かったり不安だったり、特に悩む時期かもしれませんが、永遠に続くわけではありませんので安心してください。

0歳の1年間と1歳の1年間は、全然違うと思います。そして、2歳、3歳…と成長していくうちに、自然と対応できるようになっていきますよ。

子どもが寝ている間に…

3、4カ月までの赤ちゃんは、ほとんど毎日寝て過ごしています。だから、ずーっと関わり続けようと思うと疲れてしまいますよね。

実は、この時期こそお母さんの心身を充実させるチャンス！　赤ちゃんが寝ている間に家事をこなそうと必死になりがちですが、自分の時間をもつことも大切。短くてもいいので、時間を決めて、本を読んだり、音楽を聴いたり、くつろげることをしていきましょう。

子どもが大きくなって動きまわるようになるといっそう目が離せなくなってきます。０歳のうちは、「家事

ふっ…
この2人
兄妹ね
ニヤッ
うふふ…

をやらなきゃ」より、「好きなことをやってみよう」と自分の楽しみを見つけていくと気持ちが楽になりますよ。子どもを産んだ自分へのご褒美だと思って、日々、リラックスできることを探しましょう。

例えば、昼の連続ドラマをじっくり観てみるというのはどうですか？　職場復帰したら、ドラマを観られる機会はそんなにありません。人物相関図を書けるくらい、はまってしまったりして。通信販売のカタログやウェブサイトをじっくり見るのもおすすめです。「おお、こんないいモノがあるのか！」と新しい発見ができるかもしれません。

そして、自由な時間を満喫したら、赤ちゃんとふれあう時間はしっかり向かい合って話しかけてあげましょう。関わる時間、関わらない時間のメリハリをつけることが大切です。

アピール上手になろう！

保育園には、保育士になるための勉強をしている実習生が来ます。彼らには、「目に見える場所から掃除をしよう」と伝えています。園庭の真ん中から掃除をはじめ、周りの人が、「掃除をしているな」と確認できたところで見えない裏の掃除に回る。ささいなことですが、人は目に見えることで評価するわけですから、「やっている」ということに気づいてもらうのも大切。

お母さんって、認めてもらえる機会が少ないと思いますが、認められることってすごく大事。僕は、保育園で園児だけでなく、「忙しいのにがんばっていますね」「お子さんをよく見ていますね」と、保護者のいいところを見つけて伝えるようにしています。

乳幼児のお母さんという、大人同士の関係が希薄になりがちなこの時期には、控えめにならずにどんどんアピールして存在を認めてもらうことも大切です。

家庭では、お母さんが家事に育児に奮闘する姿をあえてお父さんに見せることで、感謝の気持ちと共に、「協力していこう」と自然と思わせることもできます。

育児以外にも、仕事に集中したり、身なりを整えたり、なんでも楽しんで行動している人は輝いて見えますし、周囲の人の目にとまります。すると、「がんばってるね」「イキイキしてるね」と声をかけてもらえる。それらは、よい方向に作用しますから、行動をアピールすることは自分をいちだんとステップアップさせてくれます。

お父さんは悩んでない!?

お父さんの育児への姿勢に不満があって、ストレスを感じているお母さんは結構多いと思いますが、はっきり言っちゃいます。お父さんは、育児について、それほど悩んでいません。だから、「お父さんも育児に参加させましょう」と書かれている本を参考にしても、スムーズにはできないことも。今、お父さんの関わり方が少しずつ変わってきていますが、お母さんが理想とするような関わりができるようになるのは、赤ちゃんのお世話をしたり、保育園の送り迎えをしたりするお父さんを見て育つ次の世代ではないかと思います。

そもそも、強制することに無理があります。そこで、作戦変更。お父さんが子どもと関わっていたいと思えるように工夫してみるのです。

例えば、お父さんが仕事で家にいない時間の子どもを写真に撮って、月に1回、アルバムを作るのはどうでしょう。最近は、デジタルフォトフレームでスライドショーが見られるものもあります。子どものかわいい表情が映画のワンシーンのように流れる…。そうやってドラマチックに演出して見せれば、お父さんはちょっと寂しい気持ちになって、「明日は早く帰ろう」「次の休みは子どもと思いっきり遊ぶぞ！」と、自然と子どもと過ごす時間を大切に思うようになるはずです。離れてしまいがちなお父さんと子どもの絆を、お母さんがパイプ役となってつないであげましょう。

「あなた、ちょっと話があるの」と子育てへの協力要

請を面と向かって切りだすより、子どもの写真を見ながらジーンとしているお父さんを見て、「しめしめ、大成功！」と思うほうが、お母さんもやりがいがあるでしょう。

母は女優になれ！

子どもはお母さんの姿を見て学んでいきます。お母さんは子どもにとって教科書。常識が身につけられる4歳くらいまでは、「いいお母さん」を演じましょう。

例えば、方言は勉強しなくても周りの大人が話している言葉を聞いて育つから、自然と身についていますよね。つまり、お母さんが丁寧な言葉を使えば、子どもも丁寧な言葉で話せるようになります。逆に、お

うふふ♥
ママ、ステキ☆
ママ…
ポリポリ
ふー

母さんが乱暴な言葉を使えば、間違いなく子どもの言葉は乱れます。タバコも同様。子どもの前で親が毎日吸っていれば、その子が大人になったとき、タバコを吸うことにあまり抵抗を感じないでしょう。

だからこそ、子どもが起きているときは、演じることで理想的な環境を作る必要があるのです。もちろん、子どもが寝ているときには、無理に演じなくていいですよ。

いかに子育てを演出していくか。僕はそれを「しかけ」と言っています。「私は女優！」。そんなしかけで子育てがぐっと楽しくなる。子育てという舞台で、子どもという観客の前で、いかに自分の目指す「いい母親」を演じられるか挑戦してみてください。

お母さんの女優魂が、子どもが大きくなったときの姿に反映されていきます。

すごいぞ！「遊び心」の力

もし、予測不能な子どもの行動に疲れて、ネガティブになってしまったら、考え方に遊び心をプラスしてみましょう。

あるママから、こんな話を聞きました。４歳の息子が、突然、「家出をする！」と言いだしたのだそうです。おどろきますよね。「ダメ」と止めますか？「そんなことを言って」とたしなめますか？　そのママは、内心おどろきながらもとても悲しそうな顔をして、「悲しいけど、気をつけて行ってきてね」とおかしを持たせて温かく見送ったそうです。

ものの数秒で息子は帰ってきました。ママは大感激で、「おかえり！　しばらく見ないうちに大きくなったわね」と息子を抱きしめました。その後、ふたりでおやつを食べていると、「おかしをひとりで食べるより、ママと一緒に食べたいと思ったんだ」と息子は言ったそうです。

子どもが、「家出をしたい」と言ったとき、「やめなさい」と答えてしまえばそこでおしまい。でもそこで、子どもの気持ちを受け入れて行かせたことで、ママは息子に、「悲しい」「寂しい」「嬉しい」といった感情を見せることができました。

このように、親の想像を超えるとんでもないことが起きたときこそチャンス！　子どもと一緒に過ごす時間は、遊び心を交えて対応することで、いくらでも豊かなものになるのです。

親バカでいいじゃない！

新米パパ、ママには、「親バカになろうよ」と伝えています。「うちの子は誰よりもかわいい！」と、周囲にどんどん公言していく態度でいいと思っています。そういう親の気持ちは、ダイレクトに子どもに伝わっていくものです。

僕の友だちは、動画を送ってきました。新生児だから、寝ているだけで動かない。どうコメントしたらいいのか正直困りました(笑)。

彼は、女の子のお父さんになったのですが、生まれて3日後には、「嫁にやりたくない。将来が心配だー！結婚式は泣くかもしれない！」と…。「そんな先のこ

とをもう考えているの!?」とつっこみたくなるけれど、子どもを愛するこういう気持ちが大事ですよね。僕は、ああこいつは大丈夫だな、と安心しました。いい親バカスタートが切れています。

親バカということは、自分の子どもが大好きということ。その気持ちを常にもっていることは、子どもに対してついカッとなってしまったときや、迷いが生じたときなどに、「愛するこの子のためにどうしたらいいのか」と考えることができ、冷静に判断するための助けとなってくれます。同時に、子育てのいろいろな局面を乗り越えるためのパワーの源となります。

また、親の愛というのは、子どもの心にいつまでも残るものです。子どもが将来つらい局面に陥ったとき、誰よりも自分を愛してくれる親のことを思い出して、壁を乗り越えられることもあるのです。

コラム2

大好き！水族館

自称「水族館マニア」の僕は、水族館へ行くのが大好き。魚の種類はよくわからないけれど、全国の水族館については詳しいですよ。

特に夏、動物園は暑いので迷わず水族館へ。そう、涼しい水族館の雰囲気に癒されているのです。

子ども中心の生活の中で、みなさんは子どもが楽しめる場所をレジャー先に選んでいると思います。でも、いつも「子どものため」と出かけてばかりでは、親は疲れてしまいます。

まずは、自分が好きな場所から巡ってみるのもいいですよ。

第3章
心育のまあせんせいの い・ろ・は

僕が保育園で体験し、
感じたこと、
子どもとの関わり方を
ご紹介します。

子どもが話を聞いてくれない！　なんでかな？

お母さんたちからよく聞かれることがあります。「先生の話はちゃんと聞くのに、どうして私の話は聞いてくれないのかしら？」。そんなときは、こう尋ねています。「お母さんは子どもに話しかけられたとき、聞き流していませんか？」

低年齢であれば、「話を聞く」という姿勢がまだわからないということも考えられます。大人がきちんと人の話を聞く姿を見せ続けるうちに、「あ、こうすればいいのか」と気づきはじめます。また、大人がその子の話をきちんと聞くことで、「話を聞いてもらえた！」という満足感も加わり、やがてきちんと話を聞くことができるようになっていくものです。子どもたちが保育士の話を聞くのは、保育士が子どもの話をちゃんと聞いているからで、お互い様なんですよね。

年齢が上がってくると、またちょっと複雑な心境が加わってくるかもしれません。お母さんは大人の都合に合わせようとしたり、忙しいから、「ハイハイ」と答えて終わってしまったりしていませんか？　その反発から「話を聞かない」という行動に出ているのかもしれませんよ。

子どもも大人もお互い様。子どもの話に丁寧に耳を傾ければ、子どもはちゃんと話を聞いてくれます。

子ども同士で問題解決できるかな？

年長クラスを担任した年度初めのこと。僕が、「隣のクラスに教材を取りに行ってくるね」と、イスに座った子どもたちに伝えて部屋を出たその隙に、何人かの子がじっと待っていられなくて走り回っていました。

その後、心を育てる遊びをたくさん取り入れて３カ月が過ぎた頃、同じように部屋を空けることがありました。

また立ち上がる子がいるわけです。すると、周りにいた子が、「『静かに待っていてね』って、先生が言ったよね」と切りだし、「まあせんせいが、○○先生（主任）に怒られるとかわいそうだから、静かにしてあげようよ」と続けるのです。直接、「静かに座っていないよ」と言うとケンカになるのがわかっているんですね。だから、先生のために静かにしてあげようと、相手が納得しやすい理由をあげて注意したのです。こうやって問題解決能力が育っていきます。

時間はかかるかもしれないけれど、ときには大人が介入せずに、子ども自身、そして子ども同士で考えさせてみることも必要です。それが成長につながっていくのだと思います。

問題解決を急がずに待ってみよう。自分で気づき、言葉にする力を子どもはもっています。

よくないことをしちゃった！どうやって伝えよう？

友だちのおもちゃを横取りしてしまうことってよくありますよね。物を取ってしまった子に対して、僕もその子の遊んでいる物を取って、同じ経験をさせます。ひどいと思われるかもしれないけれど、そうすることで、子どもは取られた子の気持ちになるわけです。

その後の対応は、子どもによって違ってきます。悔しがって泣きわめく子には、「いやだったよね」と感じた気持ちを言葉にしながら物を返してあげます。そこで初めて説明するんです。取られたのかわからずにぽかんとしている子には、返してほしくなるような形でほかの子どもたちと一緒に楽しそうに遊びます。すると、絶対に、「返して！」と言いにくるので、そこで、「はい」と返してあげてから説明します。

このくらいのやりとりなら、1歳でも自分のしたことがいけないことだと感覚でわかってくれます。理解できたかどうかが手ごたえとしてわからなくても、説明することが大事。一人ひとり、理解する力や理解していることを表現する力は違うし、心にも年齢がありますす。何歳だからわかるはずというめやすはありません。でも、繰り返し説明しているうちに、「この子はわかってくれた」と実感できる日がきっとやってきます。

悪いことは、年齢に限らず繰り返し伝えよう！

何をしたら子どもの心が動くのかな？

あるとき、4歳児クラスで全員に桃をひとつずつ渡したことがありました。「好きに食べていいよ」と言うと、皮を剥《む》かずにそのままガブリとかぶりつく子、一生懸命皮を剥きはじめる子、皮に生えているヒゲにびっくりする子、真ん中に種を発見して喜ぶ子など、実に様々な反応がありました。なんでも用意してあげがちですが、このように、子ども自身が考えて行動することを見守ってあげることが大事なのです。

　特別なこと、答えのあることを用意しなくても、子どもはいろいろなことを感じることができます。ポイ

ントは、子どもの心が動いた瞬間を大人がキャッチできているかどうかということ。

最近、お子さんの心が動いたときのことを思い出せますか？「本を読んであげたらどんな反応をしたかな」「水遊びをしたときの子どもはどんな表情だったかな」。

まずは、子どもの様子をよく見てください。普段の生活のささいなことにも、子どもの心は敏感に反応しているはずです。

子どもが「?」となることを投げかけてみよう。
日々、動いている子どもの心。
大人がしっかりキャッチして。

子どもってどんなときに感動するの？

感動（心がゆさぶられる体験）は、子どもの情緒を豊かにし、そこから学んだことが心の栄養となる非常に大切な要素。でも、何もしなかったら感動しないので、大人が演出して子どもに感じさせてあげましょう。ささいなことでも構いません。きっかけがあれば大げさにアクションを起こして子どもに気づかせてあげてください。感動を共有する親の姿を見て、子どもは、もっと知りたい、もっと見たい、と思うのです。

保育園に、北海道に住む友人から雪だるまが届いたときのこと。子どもたちは大興奮しながら冷たさを肌

で感じていました。雪だるまをテラスに置くと、こそこそ抜けだして見にいく子どもたちが続出。溶けてなくなったときには、迎えにきたお母さんに、一生懸命説明していました。「こんなふうに溶けちゃった！」「見て見て！」「聞いて聞いて！」って。初めての経験で得た喜びや驚きを伝えたいのは、子どもも大人も同じ。親は、高揚して話しかけてくる子どもを「すごいね～」「一緒に見たかったな」と受け止めてあげましょう。
自分の感動が受け入れられた経験の積み重ねが自信となり、豊かな感受性を育くんでいくのです。

たくさんの「見て！」「聞いて！」を受け入れられた経験が、子どもの感受性を育みます。

あのねーねー
あのねー
今日ね
雪だるまが
ねーねー
ぶんぶん
ぶんぶん
ぶんぶん
だんだん
ねー
こんな風に
溶けちゃて
ねー
どろどろ
どろどろ
消えて
なくなっ
ちゃたの〜
へえ〜すごいね〜
顔が
雪だるまに
なってたよ…

なんでも与えていいのかな?

見たこと、聞いたこと、いろいろな経験を積み重ねて子どもたちは育っていきます。ですから、様々な機会を用意してあげることはとても重要です。

例えば、おもちゃ。たくさん買ってあげてもいいのか、と悩むお母さんがいます。いろいろ買ってあげることはいいのですが、そこで大切なのは、それがその子に合うか合わないかをきちんと見極めてあげること。

習い事についても然り。スポーツや音楽、ダンスなど、子どもが興味のあることであれば、その子の可能性を広げるためにも、たくさんやらせてあげてくださ

はいっ♪すっぱらぱー
すっぱらぱー
すっぱらぱー
体験中
すっぱらぱー
すっぱらぱー
楽しんでいるからいいか…？

い。でも、ここでも大切なのは、結果や成果が出るか否かを見るのではなく、その子が心からやりたいと思っているか、笑顔が見られるかを見定めることです。

　本当にやりたいことであれば、ゆっくりとした歩みであっても、失敗や挫折があっても、その子の成長につながっていきます。

　無理矢理やらせるのが一番よくありません。子どもは興味のあることに対してはすごく集中するけれど、興味がなくて、いやいやすることにはまったく集中しません。はっきりしていますよね。


最初からダメと決めず、体験をさせていく中で、親は子どもに合うかどうかを見定めよう。

どんな言葉をかけたらいいのかな？

　子どもが甘えてくるとき、泣きついてくるとき、「こうしてほしいんだろうな」とわかることってありますよね。その欲求を満たしてあげることも大事ですが、たまには意表をつくのもおもしろいかもしれません。

　園長の僕に、「○○ちゃんがぶった〜」と、園児が走りよってきました。とっさに僕は、「次はよけなきゃ」と伝えると、その子はきょとんとして、「そっか〜」と、また子どもたちの輪の中に戻っていきました。

　本当は僕に事のいきさつを話し、受け止めてもらった上で、ぶった相手に注意してほしかったのでしょう

ね。でも、それは担任の先生がやってくれています。ですから、僕はあえて対処法をアドバイスしてみたのです。給食の先生なら、「ごはんをたくさん食べて、ぶたれても大丈夫な体を作ろう!」と、言ったかもしれません。

保育園にいる大人がみんな同じ受け答えでは意味がないでしょう。それぞれの役割を担った人のいろいろな言葉が、子どもの社会性を育てていきます。

子どもが求めていることばかりではなく、たまには思いがけない切り返しも。様々な言葉の積み重ねで、子どもの視野は広がっていきます。

コラム3

クリスマスの思い出

保育園でクリスマスツリーを飾った日のこと。ひとりの男の子がクラスからこっそりと抜けだし、ツリーに飾られたオーナメントの箱のリボンをときました。どうしても中が見たかったのでしょうね。箱の中はからっぽ。がっくりと肩を落とす彼に、「ごめんね、サンタさんは24日の夜に来るから、まだからっぽなんだよ」と僕は話しました。

クリスマス当日、ツリーに飾られた小さな箱を開けた子どもたちから、「わ〜！」と歓声が。実は、すべての箱にラムネを入れておいたのです。

子どもの意外な発想に、大人も創意工夫して精一杯の気持ちで応えると、楽しい出来事につながっていきますよ。

第4章 さあ！ 心育のタネをまいてみよう

心を育てる10の基本要素と共に、
これまで紹介してきた心育を実践！
難しいことは何もありません。
準備するのは、「やってみよう！」と
ワクワク楽しむ心。

心を育てる10の基本要素

ここからは、子どもの心を育てるために、僕が大切に思っている10の基本的な要素をご紹介していきます。これらはあくまで基本ですので、すべてではありませんし、これだけできていればそれでOKといったマニュアル的なものでもありません。どのように感じ、どのように毎日の生活に生かしていくのか、そこに各家庭の個性が出てくるのだと思います。

心に留めておいていただきたいのは、これらの項目は一つひとつ独立したものではないということ。この10の基本要素は互いに関連しながら、ゆるやかにつな

がっています。ひとつだけできていれば万事うまくいくということではないし、一方で、ひとつのことを心がけることで、関連した課題がいくつも見えてくるともいえます。また、子どもの成長と共に自然と別の項目へつながっていくこともあります。そして、子どもの心を育てながら、大人の心も育っていくのだということを実感していただけることでしょう。

成長過程の子ども見守りながら伸ばしていこう

これは、後でも述べていますが、全体を通してふたつのことに気をつけてください。

ひとつは、「子どもを認める」ということ。「ほめる」とも言い換えられますが、がんばったこと、できたこ

の
要素
感謝する心
ありがとう!
ペコリ
判断する力
これはしていいこと
あれはやっちゃいけないこと
挑戦する心
ぼくもやる!!
構成する力
①まずブロックを片付けて…
②次にお絵かき
優しい心
大丈夫?
はいっ毛布

心を育てる
10
基本
探求する心
なんでかな？
どうしてかな？
伝える心
こっちの足からクツはくの
想像する心
丁寧な心
えーと
次は三角…
感じる心
あっ！
きれいな花

と、よかったことを繰り返し伝えるようにしましょう。

子どもにとって、「大人に認められた」という充足感は、どんなときにもプラスに働きます。お母さんはいつでも見ていてくれて、受け止めてくれるという気持ちが安定した心の成長につながります。

もうひとつは、「今はできなくても仕方ない」という気持ちをもつこと。子どもはまだまだ成長段階です。

大人にはゴールが見えていても、子ども自身には見えていないこともあります。

例えば、トイレトレーニング。大人は、「なんでできないの？」と思ってしまいがちですが、この時期の子どもにとっては初めてのこと。失敗しても、怒ったり責めたりしないで温かく見守ってあげてください。2歳児でも、生まれてから1000日程度しかたっていません。それだけの日数でよくここまでできるようになったな～、と思えばいいのです。

大人が描いた理想通りの反応を子どもがしてくれないことだってたくさんあります。そんなときは、ぜひその「予想外」を楽しんでください。

10の基本要素を実践される前に、0～6歳までの心を育てる年齢別の関わり方のポイントもご紹介します。参考にしてみてください。

0歳

この時期は、親からの投げかけがメインとなります。生まれてすぐの赤ちゃんは反応が少ないので、「これでいいのかな？」と、接し方に不安を抱くこともあるでしょう。そんなときは、無理をせず、赤ちゃんのお世話など、できることだけを意識してみてください。

赤ちゃんの手の平に触れると、原始反射で手の平を閉じます。大人の指を握りしめる赤ちゃんの手を見て、「私が守ってあげないと！」と思ってもらえたら０歳児の関わり方は問題ありません。

そして関わるときは、「～でちゅねー」と、その子の様子を代弁してあげるといいですよ。

年齢別
関わり方

1歳

感情表現がはっきりし、表情が豊かになるので、いっそうかわいく思えることでしょう。親も今を満喫して、「かわいい〜」をどんどん連発してください。

大人の動きをじっと見てまねようとしますが、何かを学び取ろうというよりも一緒に遊びたいと思っているようです。そのときの姿をカメラやビデオに収めておくと、4、5歳になったときに自分の成長を振り返ることができます。

また、日々少しずつ言葉が出てくるようになってきます。子どもは大人から言葉を学びますので、この時期は特に正しい言葉づかいを意識してください。

年齢別 関わり方

2歳

言葉が発達して感情表現も豊かになるので、やりとりが楽しい時期ですね。そして、「魔の2歳」といわれる頃でもあります。程度に個人差はありますが、「いや」を連発して自己主張がはっきりしてきます。

自分の思う通りにしたいけれどうまくいかないもどかしさの表れに、親としては頭を抱えてしまうことも多々ありますが、それは自分が出てきた証拠！「誰にでもあること」と半分はあきらめて、目をつぶり余裕をもちましょう。そうすることで、この時期は過ぎていきます。大人がイライラしたり怒りだしたりすると、この魔の時期は続いていくことになります。

年齢別 関わり方

3歳

話している内容がわかりやすくなること、友だちと接するチャンスが増えてくることから、この時期になると一人ひとりの性格が違うことに大人は気がつきます。「認める」ことが特に大切な時期です。大げさにほめるのは2歳まで。この頃は、具体的によかった行動を言葉にして伝え、充分ほめてあげることを意識すると、子どもの心が満たされます。そして、認めてくれる人の話をきちんと聞くようになります。

大人の関わり方ひとつで子どものもっている力は引きだされますので、子どもの魅力や可能性の発見を楽しむ気持ちで関わってみてください。

年齢別
関わり方

4歳

人との違いを意識し、相手を否定したがる時期です。自己主張が明確に表れるので、人と意見をぶつけ合う経験を大切にして、子ども同士の口げんかには、できる限り大人が介入しないように心がけましょう。

子どもがけんかをしているときの大人の対応で気をつけたいのは、「○○ちゃんが悪い」と言ってくる子どもの話をうのみにしないこと。

「そうなの」と話を聞いた後は、けんか相手に注意するよりも、お互いにどうしたのか、自分はどんな気持ちになったのかを子どもに問いかけながら引きだして、受け止めてあげましょう。

年齢別
関わり方

5～6歳

子どもの思っていることや考えを大人が「こういうことなのかな？」と言葉を換えながらゆっくりと聞いてあげましょう。

「こうしたほうがいい」など、親が一方的に答えを出してしまうと、子どもが言われたままに行動してうまくいかなかったとき、「親の言うことは信じられない」と、信頼感を失うこともあります。

子どもに問いかけるときは、子ども自身で問題解決する思考力をつけるために、自分で考えて行動させることを意識して。その姿を大人は尊重して見守ってあげましょう。

基本1
ありがとうと言える「感謝する心」

子どもにかける言葉でもっとも大切にしてほしいのが、「ありがとう」という感謝の言葉です。新しい発見をしたり、がんばったことがあると、「見て見て」とアピールしてきます。それは、大人が喜んでくれると思うから。特に、喜ぶ相手がお母さんだったら、やる気は倍増！ そして、「ありがとう」と言ってもらえると自分が認められたと感じ、また喜ばせたいと思います。

普段から「ありがとう」と言われて育った子は、人から親切にしてもらえたときに感謝の言葉がすっと出ます。「親切にしてもらった」という経験の積み重ねで、

ママの子に
生まれてきてよかった！
ママ、大好き！ありがと！
こちらこそ
ママの子に
生まれてくれて
ありがとう！
大好きよ〜〜〜！

感謝する心をもてる人へと成長していきます。「ありがとう」とすぐに言えるのは素直な気持ちの表れ。その気持ちは、人から人へ伝わり、連鎖していきます。

保育園でも、子どもたちに何かしてもらったら、「ありがとう」と感謝の気持ちを伝えています。すると、子どもたちは人の役に立ったという充実感を得られ、困ったことがあると、「しょうがないな〜」と言いながらも助けてくれるようになります。

「ありがとう」は、コミュニケーション力や表現力といった、人として生きていくために必要な能力すべてにつながっていきます。そういう意味で、「感謝する」心は、心を育てる原点なのです。

きっかけはどんな形でもかまいません。「ありがとう」と言ってもらえる経験をたくさんさせてあげてください。

基本2 具体的に伝えることが「判断力」につながる

子どもをほめるとき、どんな言葉をかけていますか？ 2歳くらいまでは、「すごいね」「えらいね」というシンプルな言葉でOK。たくさんほめ言葉をかけてあげてください。3歳くらいからは、何がすごくて、何がえらかったのか、具体的に教えてあげましょう。

お友だちと仲良く遊べたら、「○○ちゃんと仲良くできてよかったね」と声をかけます。そうすることで子どもは、「お友だちと仲良く遊ぶのはいいことなんだ」と知ることができます。ほかにも、電車やバスに乗るとき、降りる人を優先させることができたら、「降りる

人を待ててえらかったね」と大人がほめてあげることで、「いいことをしたんだ」とわかります。

小さなことでもはっきり伝えると、自分からいいことをしていこうという意識をもつようになります。

特に、4～5歳になると自立心が旺盛になってくるので、自分をよく見せたいという思いが強くなってきます。そういうときこそ、正しいことをしたときはわかりやすく伝えて、ほめてあげましょう。

決断する力となる行動の規範

さらに、子どもができなかったことをできるようになったときは、ほめながら拍手します。この、「ほめる＋α」は、とても大事です。

例えば、保育園で散歩に行くときには、列の最後尾の子に「先生役をやってね」とお願いします。すると、列が乱れたときに「○○ちゃん、列から出てるよ～」と注意してくれるのです。その様子を後で「すごいね！ 先生みたいだったよ」とほめながら拍手すると、揃って歩くという意識を常にもつようになりました。

子どもは、周囲が認めてくれたり、喜んだりすることはやりたい。一方で、注意されることはやりたくない、相手を悲しませることはしたくない、という気持ちが強くあります。そのため、この積み重ねで判断力が育っていき、やがて自分の中にいい行動と悪い行動の規範を作って、次に同じような場面にあったときには、自分で判断できるようになります。そして、「これはやりたい、やりたくない」と、自分自身で決めることが次第にできるようになっていきます。

○○ちゃん、列から出てるよ〜
顔まで先生っぽくなってるね(笑)

基本3 お母さんのまねから「挑戦する心」は生まれる

自然環境や住環境など、子どもの心の成長にとって大切な環境はいろいろとありますが、6歳までは一緒に過ごす時間の長い「お母さんが一番の環境」といえます。子どもは常にお母さんのやることを見て学んでいます。知育玩具や教育絵本をいくら与えても、子どもにとって一番の手本はやはりお母さんの姿なのです。

お母さんがすることを自分でもまねしてやってみたいと子どもは強く思っています。男女に関わらず、ままごと遊びでお母さんのまねをするのはその表れです。

食事の支度をしたり、赤ちゃんのお世話をしたり、掃除をしたり…。子どもは、ままごとの世界で母親気分を味わいながら、お母さんがしていることのすべてを自分もできるような気持ちになっているのです。

実は、ここがポイント！　今、挑戦する意欲がどんどん表れているところなのです。

大人は、子どもが「興味をもっているな」とか、「まねしようとしているな」と感じたら、意識して子どもに見せてあげましょう。

例えば、子どもが見える場所に移動して料理の下ごしらえをするとか、子どもがおもちゃで遊んでいる横で洗濯物をたたむとか。保育園でも、新しいおもちゃを導入したときは、まず先生がそのおもちゃで遊んでいる姿を子どもに見せます。そして、興味を示した子がその様子をまねて遊びます。

誰かに教えてもらうのではなく、大人の行動を見て

ねぇ〜
ママ〜
はいはい
わかりました
も〜まったく
しょうがないわね
ふ――
やっぱりあれは
私のマネかしら…
ふ――

自力で学び取ることを学ばせるのも必要です。子どもが「やりたい！」と思ったときこそ、口で説明するよりも実際に見せてあげたほうがいろいろなことを習得できます。

また、「そろそろお手伝いができる年齢かな？」という大人本位の考えで無理にやらせようとすると、上手にできなかったときに、自分からすすんでやるという気持ちを失わせることにもなります。

興味をもった瞬間の子どもには、何かに挑戦し、新しいことを習得するパワーがみなぎっています。そのことに大人が気づいたら、あれこれと説明はしないで、「だまって見せる」ことを意識してみてください。

やらされているときの子どもの学びの量を1～2程度としたら、自分からやりたいと思ってやるときの学びは10にも20にもなるのですから。

基本4 お手伝いで芽生える「優しい心」

さて、子どもが大人のすることに興味をもったとき、大人がだまってそれを見せることで、「自分もやってみたい」という気持ちが湧いてきました。次は、子どもが上手にできるような簡単なことを大人が見つけてやってもらいましょう。

忙しい毎日の中で、子どもに手伝ってもらうために、大人は少し手を休めたり、待ったりしなければならないこともあるでしょう。大人がやったほうが早いことも多くあります。でもここは、意欲に燃える子どものために、ぐっとこらえて頼めることはないか考えてみてください。

簡単なお手伝いがいくつかできるようになってくると、大人が頼まなくても、子どものほうから何をしたらいいか気づくことができるようになっていきます。

相手の立場になって気づいてあげられることが、「優しい心」の芽生えです。ただし、そこに到達するには、最初の簡単なお手伝いの繰り返しがとても重要。失敗しても、「大丈夫だよ」と励ましながら、焦らずにコツコツとお願いしてあげてください。

こんなことがありました。保育園では普段から子どもたちにテーブル拭きなど、お昼ごはんの準備を手伝ってもらっています。あるとき、ひとりの子どもが「テーブルの上に花を飾るとみんな喜ぶんじゃないかな」と提案してくれました。このように、お手伝いをしていくうちに、自分は人のために何ができるかということを考えられるようになり、さらに、周囲を思いやる気持ちも身についていったのです。

さらに、お願いするときのポイントをもうひとつ。家族の名前をあげて、「お父さんのために、これをやってあげてね」とか、「○○ちゃん（兄弟姉妹）のために、これをお願い」と頼むようにすると、自分が家族に必要とされているという実感と、家族の一員であるという意識が生まれ、家族を大切に思う優しい心が育っていきます。

基本5 整理整頓で「構成する力」を育む

家の中で、何がどこにあるのか、きちんと把握していますか？　僕はとても大事なことだと思っているのですが、これってなかなかできていません。乳児期はもちろんですが、幼児期にかけても、家の中をきれいにすることはとても大切なことです。

家の中が整理整頓されていて、物の在りかが頭の中で思い浮かぶと、見通しを立てて行動することができます。見通しを立てられると、物事の流れを順序立てて考え、計画して行動を起こすことができるようになります。それが、子どもの「構成する力」につながるのです。なので、決められた場所に、物がわかりやすく置かれている環境作りをおすすめします。

例えば、おもちゃで遊ぶときも、おもちゃを棚にわかりやすいように置いていると、どこにどんなおもちゃがあるのか一目瞭然ですし、持ちだしたものを自分で元の場所に戻すことができるので責任感が生まれます。この習慣から、はじめに予測を立てて行動する構成力が養われるのです。すると、遊び方も変化します。このおもちゃで遊ぶにはどこで遊ぶのがいいのか、ふたつ以上のおもちゃで遊ぶときも、先に遊んだおもちゃをこうして片付けなくては…と、頭の中で段取りを考えられるようになるのです。

お手伝いのときであれば、「お皿を取ってきて」と子どもに頼んだとき、子どもの頭の中では「あそこにお皿があるから取りに行こう。でも、あそこはちょっと

高いから踏み台が必要だな。踏み台はあそこにあるから、まずそれを取りに行ってから食器棚へ向かおう」と、一つひとつ判断をしながら段取りを組み立てていきます。家の中の物が子どもにとってわかりやすく配置されているからこそ、子どもはお母さんのお願いに応えることができるわけです。

基本6 きれいな物を「感じる心」

家の中が片付いていることが大切な、もうひとつの理由があります。それは、家が、子どものセンスが磨かれる場所でもあるからです。子どもは、住環境から自然に美的センスを学んでいきます。「芸術家の家系」という言葉を聞くことがありますが、親から子へと伝わるのは「芸術家が育つような環境」ということ。この場合は少々特別な環境かもしれませんが、どの家庭でもできる環境作りというものもあります。

家庭で培われるのは「美的センス」と、美的センスを育てるために必要な「感じる心」も含めた「感情の豊かさ」です。

僕の保育園でもやっていることですが、室内において、子どもの目線に季節を感じられる植物を飾る。それだけでセンスや感情を育むことにつながります。

咲いたばかりの花を見て、「きれいだな」と美しさを味わう一方で、枯れていく花を見て、「ああ、枯れていくんだ」と命の儚《はかな》さをも感じられます。さらに、「きれいな花を飾るのはいいことだ」と思い、「枯れた花を片付けて、また新しい花を飾りたい」と、生活をプロデュースする力も育ちます。植物を飾るだけでも、子どもはいろいろなことを感じることができるのです。

では、「何をしようか?」と考えるとき、わざわざ高価な家具を揃えて、クラシック音楽をかける、などといった気張ったことをしなくてもいいのです。

百円ショップなどで造花やツタを買って飾るだけで

わぁ
キレイな
お花！

数日後
娘よ
感じているのね
感じているのね～
きゅんきゅん
命って
はかない
ものね…

も居心地のよい空間を作りだすことができます。また、本棚に並ぶ絵本の高さをきれいに揃えるとか、普段やっていることの延長線上で少し気をつけたり工夫したり、ささいなことでいいのです。それを子どもと一緒に行う。そうしていくうちに、子どもと共にお母さんの美的センスも磨かれていきます。

例えば、家族旅行の写真や小さかった頃の子どもの写真を飾るのはどうですか。花もそうですが、子どもの目線に置くことが大事です。子どもの目に入るよう環境を整えたら、子どもが気づき、何かを感じられるよう、大人が働きかけることが必要です。それらを見ながら、「旅行は楽しかったね」「○○ちゃんはこんなに小さかったんだね」と話し合うことで、様々なことに気づくことができ、感情が豊かになっていきます。

家の中のスペースの使い方にも気を配ってみてくだ

✿おもちゃ置き場は遊びスペースに

✿寝る前に読む絵本はベッド脇の本棚に

✿食事やおやつはイスに座ってテーブルで

さい。子どもが食事をするスペースや遊ぶスペースを生活に応じて区切ることは大切です。

例えば、遊ぶ際にはおもちゃ置き場をはっきりとさせておくこと。おもちゃボックスを用意して、きちんと分類し、整えながらしまうようにしましょう。こうした生活の中から美的センスが培われていきます。

基本7 片付け上手は「丁寧な心」のもと

使い捨ての物があふれ返っている現代だからこそ、「物」を大切にする心を子どもにはきちんと伝えておきたいものです。いい行動は子どももまねをしますから、まず大人が物を大切にし、使ったらきちんとしまう習慣をつける必要があります。

例えば、テレビのリモコン。立てて収納できるカゴなどにきちんと入れて、いつも定位置に置きましょう。大人がリモコンをその辺にポンと置いていると、子どもも自分の持ち物をその辺にポンポン置いてしまいます。大人が実践する、「使ったら片付ける」という毎日の小さな習慣が、子どもにも影響を与えていくのです。

大人が、「片付けは重要」と認識していても、慌ただしく片付けているようでは効果も半減。時間に追われて乱暴に片付けたのでは習慣としても身につきません。「ああ、もう寝る時間になっちゃったから、早く片付けなさい」などと子どもを急かして、慌てて片付けさせていませんか。その繰り返しでは、きちんと片付ける体験をできないまま、片付けられない子になってしまいます。大人がちょっと気をつけて、少し早め

ひゃ～
またこんな時間!!
早く片づけなさい!!
あせあせ
あせあせ

に「そろそろ片付けをはじめよう」と声をかけるだけで、まったく違う結果になります。

保育園においてもこの間《ま》の時間を計算して生活しています。一人ひとり、遊ぶスペースも違えば片付け方も違います。しっかりと片付ける時間を確保して、子どもが片付けた後に大人が丁寧に点検や仕上げをしてあげながら、「よくできたね」と認めてあげる。そうすることで、物事を丁寧に行う心が育っていきます。

基本8 近くに寄りそうことで「想像する心」が広がる

子どもってまさに、「食べる・寝る・遊ぶ」。となると、起きている時間の多くが遊びの時間であり、子どもが好きなことは、なんでも遊びになるともいえます。

「子どもと一緒に遊ぼう」「子どもと同じ目線になって」というのは、確かに大切なことですが、そうは言われてもどうしたらいいのかな、と途方に暮れることもあるかもしれません。結論から言ってしまうと、子どもが必要としたときに、すぐに声をかけられる場所にいれば、それで充分なのです。

何をするにしても、大人が子どもと同じ場所にいることがまず大事。しかし、どうしてもやらなくてはならないこともあります。それをできる限り、子どもが遊んでいる場所の近くでするようにしてみてください。

お風呂やトイレの掃除、洗濯物干しなど、子どもから離れなくてはならない家事は、子どもに声が届くように工夫しましょう。ちなみに、子どもから見える場所に戻ることを意識しながら家事を構成すると、お母

ふんとこ
ろっこん！
ふんとこ
ろっこん！
うきゃっほっ
うぉううぉう
ノッてるね…
汗まで
かいてるし…
ふんとこ
ろっこん！
ふんとこ
ろっこん！

さんの家事力アップにもつながりますよ。

僕は園の保育士たちに、子どもたちとの一年間を100％の力で関わらなくてもいいと伝えています。毎日、100％なんて疲れてしまいますよ。先生も人間なので、40％の力しか発揮できない日もあります。それは悪いことではありません。そうしたときには、ほかの先生たちと協力しながら、「今日は70％の力でやってみようか」と励まし合っています。

子どもの何気ない一言に様々なアプローチを

子どもと無理に関わろうとするよりは、そばにいて一緒にいる空間を満喫しましょう。「子どもが求めてきたときはちゃんと向き合おう」と接し方にメリハリ

さあ遊ぼう
シュー
シュー
ママこわい…
100%
50
0

ママ遊ぼう！
ちょっと休ませて…
その後で遊ぼうね
うん
100%
50
0

をつければ、気楽に構えられますよ。

どうして、「子どもが見える範囲、子どもの声が届く範囲」を強調するのかというと、同じ空間にいることで、子どもの心が安定するからです。安心して過ごせる空間の中で、お母さんが家族のために働いている姿を常に目にすることができます。同時に、心の落ち着いているときに、子どもが何気なく発した言葉に、お母さんは様々なアプローチをすることができます。

第３章でも触れていますが、会話はコミュニケーションの第一歩。その会話によって、子どもは発見したり学んだり、想像力をフルに使って物事に取り組むことができるのです。

例えば、子どもがテレビ番組を観ている横で、大人が本を読んでいても構わないのです。子どもが感じて伝えたいときには、声をかけてきますから、そのときはちゃんと応えてあげましょう。その際、子どもがイメージできるようになんとなくでも意識して話すと、子どもはそこから考え、自分の世界を広げていきます。

ねぇママ〜ふんところっこんって何？
ん〜…元気が出るかけ声かな〜なんだと思う？
トコトコトコトコ
はぁはぁ

基本9
「見て見て！」からはじまる「探求する心」

子どもは、散歩に出かけると、道端の石や葉など、いろいろな物を拾って見せてくれたり、気づいたおどろきをそのまま伝えてきたりしますよね。「見て見て！」「聞いて聞いて！」と子どもがかけよってきたら、「そんな物で」「そんなことで」と思わずに丁寧につき合ってあげましょう。

ある日、園児が「テンテー（先生）、見て見て」と小石を持ってきました。「わ～、きれいな石をありがとう！」とお礼を言うと、その子は笑顔になり、再び別の小石を持ってきて、最終的には僕の両手がいっぱいになるほど集めてきてくれました。

子どもにとって、その発見は宝物。言い換えれば、子どもにはいろいろなことを発見する力が大人以上にあって、その発見をいつも楽しんでいます。ですから、大人がそれを認めることで、さらに探求したいと思うようになるのです。

さらに、子どもの探求心を深めるには、大人も一緒になって探したり考えたりしましょう。

例えば、子どもがアリの穴を見つけたら、「わあ！」と一緒に発見を喜び、「アリさんはどこへ行くのかな？」と、ちょっとした質問を投げかけてみたり、「この穴の先にアリさんのお家があるらしいけど、どんなお家なのかな？」と想像力を刺激するような声かけをしてみたり。子どもだけでなく、大人もきっと新鮮な喜びを味わうことができるでしょう。

基本10 子どものルールの尊重から「伝える心」へ

親子で遊ぶときには、ぜひ子どもの言うことに耳を傾けてください。

子どもの遊びには、子どものルールがあります。大人が考える「大人ルール」ではなくて、子どもが作りだす「子どもルール」。おいおい、そんな遊び方をするもんじゃない、とつっこみを入れたくなることもあると思いますが、そこはあえて我慢。否定せず、一緒にそのルールにそって遊んでみましょう。

ルールを守れるようになるためには、最初の段階として、いろいろな決まりを自分で考えて楽しむ経験を

します。自分で考えたルールというのは、今自分が一番楽しめるルールということです。大人にとってはつじつまが合わなかったり、意味がよくわからなかったりするような内容であっても、子どもが楽しそうにしているなら、それが最高の遊びなのです。

自分の作ったルールを守ることを覚えたら、友だちと一緒に遊べる年齢になったとき、みんなが納得して楽しめるルールを考えて、そのルールを守れるようになっています。

おもちゃ遊びも同様です。最初は自由に触ってみて、考えながら遊んでいるうちに、いつのまにか正しい使い方で遊べるようになっていたりするでしょう。

子ども独自のルールを大人が教わり、一緒に遊びを楽しむことによって、子どもは自分で考えて人に伝える力を培っていきます。大人の社会でいうところのプ

ラブプリな
お城つくった
ほうが勝ちね♡
あ…うん
ラブプリ…？

できたー
ラブプリ♡
わたしの
勝ち！
わー本当！
ラブプリ♡！？
なんか上に
のってますけど…

レゼンテーション能力ですね。今の大人に不足しているといわれている部分かもしれません。

幼児期に大人の言うことに従ってばかりいた子は、小学校に入ってからもリーダー的な友だちに従っていく傾向があります。自分で考える経験が少ないからついていくしかないのです。

一方で、リーダー的な存在になる子は伝える力をもっています。多分、幼児期に遊びのルールをたくさん考えて、友だちに伝える経験を多くしてきたからではないかと思います。

上手に集団を引っぱっていくためには、友だちの輪を大切にしながら、調和し、判断し、協調するといったいろいろな要素が必要になっていきます。

「伝える心」は、そのベースにある大切な最初の一歩であるといえるでしょう。

コラム4

おもちゃに遊ばれない、おもちゃ選び

どんなおもちゃを買ったらいいのか、と聞かれることがあります。

これがおすすめという物はありません。でも、おもちゃを使ってどのようにして遊ぶのかが大事なのだとお伝えしています。

光ったり音が出たり、最新機能がたくさんついたハイテクおもちゃもいいのですが、子どもが考えて遊ぶことができる物、工夫して遊べる物を選んでみてください。

おもちゃに遊ばされるのではなく、遊べるおもちゃを。

第5章 小さなタネはやがて大きな花になる！

時代は常に変化しています。
でも、変わらないものもあります。
それは、「子どもの心」。
いくつになっても心は
すこやかに成長できるのです。

ポジティブ思考はいい連鎖を生みだします

お母さんを中心に、子育てに関わるすべての人がポジティブに生きてほしいですね。ポジティブ思考は言葉や行動へと次々に連鎖し、子どもの心までも前向きに育てていきます。そうなると、毎日の生活が「当たり前」ではなく、新鮮な発見で彩られていきますよ。

ネガティブなイメージをもたれがちな子どもを叱るという行為にしても、「ポジティブに叱る」という考え方もあります。怒りの感情をそのまま子どもにぶつけるのは、「叱る」ではなく、「怒る」です。

怒られると、子どもは怖いという感情でいっぱいになり、さらに突き放されたことで寂しい気持ちになります。大好きなお母さんから発せられた負の感情によって子どもは萎縮したり、大人の顔色をうかがいながら過ごすようになることもあります。

一方、その子のためを思い、よくなってほしいという一心で発した言葉は、たとえ否定的な内容であってもちゃんと子どもの心に届きます。

「でもね、お母さんは～」と子どもの気持ちを受け止めながら具体的に説明する。これが僕の言う「ポジティブに叱る」ということなのです。叱るときは、心を育てるチャンス。そして、叱るときの判断基準は「人に迷惑をかけたかどうか」ということ。相手が誰であっても基準は同じです。叱ることも、ほめて認めることも、人とのつながりがあって初めて生まれるもの。「叱る、叱られる」「認める、認められる」ことを子

どもとしっかり向き合いながら繰り返していくことで、大人も子どもも成長していきます。

どうやって負の連鎖を断ち切ろう？

ポジティブな気持ちが連鎖するように、負の感情も連鎖します。理屈ではわかっていても、子育ての悩みは次から次へと出てきますよね。では、どうやってその負の連鎖を断ち切って、ポジティブにスイッチを切り替えたらいいのでしょうか。

そんなとき僕は、「子どもの未来を想像しながらお子さんと関わってください」と伝えています。子どもはこの先、小学校、中学校、高校…と、どのように育っていくのでしょうか。その先には結婚が待っていてどんな相手と家庭を築いていくのか。場合によっては、自分は子どものパートナーとどんな付き合いをしていくのか…。目の前にいる小さなわが子と言葉を交わし、互いの存在を確かめ合い、スキンシップを重ねていくことで、その子の未来をイメージすることができるのです。

このように先を見通して考えると、子育てを前向きにとらえられるようになっていきます。これが、子育てを通していい連鎖を生みだすことのできる「考え方の転換」であり、親としての成長なのです。

もうひとつ、子育てにおいてネガティブになりやすい原因のひとつに、今、親である団塊ジュニア世代が子ども時代を過ごしてきた環境もあげられると思います。今の親世代は、平均点を基準に高いか低いかで評

どのように育っていくのだろう…
でもやっぱり
今が一番
かわいい〜
大きく
ならないで〜
ギュッ

価されて育ってきたため、無意識のうちに自分の中に子育て平均点を作って、子どもを測ってしまっているということがあるのかもしれません。でも、子育ては点数や物質的な豊かさで成績や勝敗をつけるものではありませんよね。

また、以前に比べて育児書やインターネットで情報が入りやすくなったため、他者が作った「子育て」という概念に無理矢理当てはめようとしていませんか。

同じ月齢の子どもたちより歩き始めるのが遅い、育児書に書かれている時期にできるはずのことができないなどと、比較するから物足りなく感じ、つまずいているように思えてしまうのではないでしょうか。

「うちの子は自分の道をしっかり歩いている」と、子どもを信じ、平均点や子育てはこうあるべきという固定概念から自分を解放してあげましょう。

「努力」には、目標へ向かう楽しみが含まれています

僕が「子育てを楽しむ努力をしましょう」と言うと、楽しむことに努力が必要なの!? とおどろく方もいることでしょう。これまで自分が努力したときのことを思いだしてみてください。それは苦労を伴い、がんばったり、ふんばったりしたとしても、今となればいやな思い出ではなく、いい思い出になっていませんか。

努力というのは自分が成長できるものだからこそ、目標へ向かう楽しさとやりがいがあり、時間と共にいい思い出に変わります。

子育ても同じです。いずれ、その努力は報われるは

ず。子どもが成長していくことで、「あの頃は大変だったけどいい経験だった。もう一度あの頃に戻りたい」と振り返るときがきっと訪れるでしょう。

6歳までの親子の時間を大切に思える人は幸せ！

「既成概念にとらわれず、ポジティブな考えをもって子育てする努力を」ということをわかりやすくいうと、大人も子どもと一緒に楽しむ、ということ。子どもの成長を喜びながら、今という時間がいかに貴重と思えるかで、楽しい気持ちはどんどん膨らんでいきます。

ここで、6歳になって小学校へ向かうわが子を想像してみてください。保育園や幼稚園に通園している子はすでに昼間の時間を親と離れて過ごしていますが、小学校に入ってから親子が離れている時間にはもっと大きな意味があるのです。

それは、親子で共に育ち合う時期から義務教育へ変わること。学校に通いはじめると、子どもの心は親の元を離れ、友だちとの新しい世界を築きはじめます。それは子どもの成長であり、喜ばしいことですが、親子で感動を分かち合えるシーンの数は、0歳から6歳までの6年間に比べると格段に減ってしまうのです。

小学校高学年の女の子のパパである友人が、「娘が高学年になった途端、同じタオルを使わなくなり、洗濯も分けて洗うようになった。悲しい！」と嘆いていました。子どもが成長する上で様々な試練が親を待ち受けています。だからこそ、この時期が親子にとっていかに大切か、それに気づくことのできた人は幸せです。

自分で判断できる大人に

わが子にどんな大人になってほしいと願いますか？　人の役に立てる人？　優しく接することのできる人？　間違っても、人に迷惑をかけて悪いことをたくさんしてほしい、と願っている親はいないはずです。

子どものときから学んでいてほしいことがあります。それは、「社会の規律」。大人になってからでは遅いのです。人は自由に生きられますが、その中には守るべき規律があります。それを僕は、「自由の中の規律」と呼んでいます。

例えば、園児たちは保育園で自由に過ごしていますが、保育園の敷地から外には出ていきません。先生たちから言われていることを元に、ここから出てはいけないと自分で判断し、律しているからです。

この自由の中の規律を知る経験を今の子どもたちはたくさん重ねる必要があります。

僕が子どもだった70〜80年代は、地域や親戚など、様々なコミュニティがあり、社会の中で自然と規律を学ぶことができていました。ところが現在は、だんだんと人間同士のつながりが希薄になり、大人が子どもに規律を教える機会が失われつつあります。

さらに、核家族化の進行で、祖父母との交流も減ってきています。そのため、子どもに規律を教えることができるのは親だけになってしまいました。

だからこそ、大人は、他者と共生していく社会のルールを意識して子どもに伝えるよう心がけてください。電車内の座席はつめて座る、飲食はしない、公共

の場では騒がない、などの道徳を子どものうちから教え続けることで、相手の思いを受け止め、善悪の判断がつけられるようになるのです。

気づいて！　今こそ心を育てるとき

物が増え、サービスはよくなり、利便性は高まる方向に時代が変わってきたことで、子育ての方法論も変わり、社会全体で子どもを育てようという意識が薄くなっています。

街で見知らぬ子どもに声をかけると変質者のような扱いを受けたり、他人の子どもを注意するとその子の親にいやな顔をされたり…。社会の中でのコミュニケーションの変化が、「みんなで子育て」という意識を低下させてきたといえます。

そしてまた、子どもにとって一番大切な「遊び」が変化しました。今の子どもたちは、山を探検したり、広場で鬼ごっこの新しいルールを作ったりとゼロから遊びを生みだすことより、テレビゲームのように工夫しなくても遊べるおもちゃばかり手にしているように思えてなりません。ハイテクで至れり尽くせりな機能のついた魅力的なおもちゃを手にした代わりに、自分で考えて行動する機会を失ってしまったかのようです。

子どもの心が育たない理由が、まさにここにあると僕は考えています。子ども同士で相談してアイデアをひねりだす体験が少なくなっているのです。

社会の子育て意識の変化と子どもの遊びの変化、時代と共に変わってきたこれらの現状を悲観しているわ

鬼ごっこは
こういう
ルールに
しよう！
いいね
いいね
ポ
ーーッ
こういうのは
どう？
もじもじ
あ…
わたしは…
うんうん

けではありません。まず大人たちには、今という時代を見据えてほしいのです。変化の中で失われてしまった部分を、今の子どもたちの生活に合わせて補うことを意識しながら、心を育てていくことが必要であるということに気づいてほしいのです。

子どもの体はバランスのよい食事をしていれば大きくなります。でも、子どもの心は大人からの「ふれあい」という栄養をたくさん与えられるかどうかで、その成長はいくらでも左右されるのです。しかも、限られたことだけをすればいいというわけではなく、生活の中で得た様々な気づきが、つながって交ざり合い、連続して行われることで初めて育っていきます。

子育ては、いくらでも手を抜くことができるし、反対にいくらでも手をかけることができます。お金ではなく、目をかけ、手をかけてあげてください。

日本を救う子育て

日々、心を痛めるニュースが流れます。これからの社会を変え、日本を救うことができるのは、今を生きる子どもたちなのです。子どもの秘めた可能性の先に未来があります。豊かな心をもった大人が増えていくことで、必ず日本の未来は明るくなると信じています。

心を育てる「心育《しんいく》」は、人に、社会に、そして自分自身に対してポジティブに向き合えるようになり、なおかつ思いやりをもつことができます。これらは物やお金では絶対に得ることができません。

今の日本に必要なこと、それは、「心の豊かさ」なのです。

菊地政隆
（きくち まさたか）

1976年生まれ。扇こころ保育園園長・保育士。淑徳大学大学院総合福祉研究科博士後期課程満期退学。「まあせんせい」の愛称で親しまれ、保育士を8年経験。その後、副園長を歴任。業務の傍ら、大学講師や保育士会、幼稚園協会の実技講師として、そして、講演や親子コンサートの歌のお兄さんとしても全国で活躍する。2004年、子ども番組にレギュラー出演するほか、TBS「情熱大陸」に出演。2006年には、『まあせんせいとあそぼう』（CD）が、厚生労働省社会保障審議会推進児童福祉文化財に認定。2008年4月、東京都足立区に、心を育てる保育を実践するため、「心育」を理念にかかげた「社会福祉法人東京児童協会　扇こころ保育園」を開園、園長就任。2010年現在、秋草学園短期大学、北陸学院大学の准教授を兼務。maahappy@dream.com

6歳までにしておきたい

すこやかこころ育て

発行	2010年4月 6 日第1版第1刷発行 2010年9月23日第1版第2刷発行
著者	菊地政隆
発行人	小山朝史
発行所	株式会社 赤ちゃんとママ社 〒160-0003　東京都新宿区本塩町23番地
電話	03-5367-6592（販売） 03-5367-6595（編集）
URL	http://www.akamama.co.jp
振替	00160-8-43882

編集	五十嵐はるか
編集協力	石川実恵子
イラスト	たなべひろし（森のくじら）
ブックデザイン	大澤洋二、対馬望（Craps）
校閲	中山喜代子
印刷・製本	株式会社 精興社

ISBN978-4-87014-057-8

つたえる＆つたわる
園だより・クラスだより

監修：大豆生田 啓友

● 4-87014-041-1
AB判　120ページ
●定価：1,890円
（本体1,800円＋税）

園だより・クラスだよりに力を入れている
園の実例をサンプルとして紹介。

「子どもの様子がよく伝わる」

「その園の保育のよさがわかってもらえる」

「本当に保護者に伝わる」

などの改善のヒントが満載の一冊。

主な内容

- ■ ルポ・園だよりができるまで
- ■ 参考にしたい！ 特色ある園だより
- ■ 親から見た園だより・クラスだより
- ■ 若い先生達の「園だより作り」ホンネ座談会
- ■ 園だより・クラスだより改善のための12のヒント
- ■ 4月から3月までの園だより 実例と解説
- ■ 園だより・クラスだより以外のおたより
- ■ パソコンを使った「20分園だより作り」のススメ

付録◆ 園だより用季節のイラスト集